Inhalt

Voice over IP

Kernthesen

Beitrag

Fallbeispiele

Weiterführende Literatur

Impressum

Voice over IP

M. Westphal

Kernthesen

- Die Voice over IP-Technologie, die eine Verknüpfung von Sprach- und Datendiensten über IP-basierte Datennetze schafft, ist schon seit 2 - 3 Jahren bekannt, jedoch scheiterte bisher die Umsetzung in Anwendungsprojekte an geeigneten Applikationen und technologischen Unzulänglichkeiten.
- Trotz noch vorhandener qualitativer Mängel in der Sprachübertragung über IP-Netze haben sich in der letzten Zeit sinnvolle Anwendungsszenarien und von Anbieterseite entwickelte geeignete Applikationen durchgesetzt.
- Eine wesentliche zukunftsweisende Anwendung für Voice over IP-

Anwendungen sind sogenannte Customer-Interaction-Center, die die herkömmlichen Call Center-Ansätze in der Kundenbetreuung zu multimedialen Dienstleistungscentern ausweiten.

Beitrag

Die Voice over IP-Technologie ist schon seit zwei bis drei Jahren bekannt

Die Voice over IP-Technologie ist schon seit einiger Zeit bekannt. Bisher hat sich diese Technologie aber noch nicht flächendeckend durchsetzen können, weil wesentliche Schwächen noch nicht beseitigt waren und die Technologie noch so teuer war, dass die Vorteile sich nicht in akzeptablen Amortisationszyklen ausdrücken ließen.

Voice over IP ermöglicht neben der Versendung von Daten auch das Telefonieren über das Internet. Für die Übertragung von Sprache und Daten wird durch Anwendung dieser Technologie nur noch ein Netz benötigt, was den nutzenden Unternehmen deutliche Kosteneinsparungen bescheren kann.

Der Wechsel zu Voice over IP hat für Anwender unbestrittene Vorteile. Trotzdem scheuen viele Unternehmen noch die Migration hin zu dieser Technik, da dieses unter Umständen einen kompletten Umbau der Kommunikationsinfrastruktur nach sich ziehen kann.

Die einmalige Umstellung auf Voice over IP-Technologie kann mit hohen Umstellungsinvestitionen verbunden sein, da evtl. die in der Vergangenheit genutzten Daten-Server kapazitätsmäßig nicht mehr ausreichen, das gesamte Voice over IP-Datenvolumen auch noch zu verarbeiten. Sämtliche Telefon-Endgeräte müssten darüber hinaus in Voice over IP-fähige Endgeräte getauscht werden, was zu hohen Investitionsvolumina führen kann.

Ein wesentlicher Punkt in der Vorbereitung der Einführung einer Voice over IP-Technologie ist daher die gründliche Analyse des Netzwerks. Alle Netzwerkgeräte müssen die erforderliche Leistung aufbringen, um die zeitkritischen Datenpakete zu transportieren.

Technologische

Unzulänglichkeiten der Voice over IP-Technologie

Nachteile der Voice over IP-Technologie sind z. B. die bisher in vielen Fällen noch notwendigen externen Stromversorgungen für die einzelnen (End-)Geräte. Diese Problem ist schon von einigen Firmen adressiert worden, die eine Stromversorgung über das LAN sicherstellen (s. hierzu auch Case von Cisco).

Darüber hinaus ist die mangelnde Sprachqualität aufgrund der paketbasierten Daten- (Sprach-)übertragung zu nennen, die zu kurzen Ausfallzeiten, entstehend durch die Abstände zwischen zwei Paketen, sowie mangelnde Tonqualität bei evtl. zu geringer Bandbreite, und damit zu geringem transportieren Datenvolumen, herrühren kann. Auch diese Problematik, die auch zu Echos führen kann, sofern die Datenpakete inhaltlich nicht sauber getrennt sind, ist von einzelnen Anbietern erfolgreich gelöst worden (s. auch hierzu Cases).

Ein weiteres wesentliches Problem ist die Sicherheit der Übertragung jeder Art von Daten (und somit auch Sprache) über das Internet, welches bisher nur unzureichend gelöst ist zu Sicherheitsproblemen führen kann.

Neue Anwendungsszenarien der Voice over IP-Technik

Zwar wird über die Voice over IP-Technik schon seit zwei Jahren gesprochen, aber erst jetzt beginnen die Anwender diese Technik ernst zu nehmen.

Wesentliche Gründe für die jetzt stattfindende Pentetration der Märkte mit Voice over IP-Anwendungen sind:
- Die vorherrschenden technischen Probleme sind weitgehend gelöst worden
- Die Kostenposition der Voice over IP-Anwendungen verbessert sich
- Es wird in Unternehmen eine komplett integrierte Kommunikationsinfrastruktur möglich
- Konkrete Anwendungsszenarien sind unter anderem Knowledge Management oder aber Call Center-Anwendugnen (s. hierzu auch Punkt Cases)

Customer-Interaction-Center vs. Call Center

Der Fokus herkömmlicher Call-Center liegt auf der Telefonie. Um einen optimalen, integrierten Ansatz im

Kundenmanagement realisieren zu können, müssen auch andere Kommunikationskanäle wie Webseiten, Webformulare, Chats, Voice over IP, Email, Fax, Post, SMS und Mobile Internet angebunden werden. Diese zusätzlichen Medien werden durch sogenannte Customer-Interaction-Center bedient.

Als Pendant zu einem Fachverkäufer in einem Geschäft, kommt in einem Internet-Shop in diesem Customer-Interaction-Center ein Agent ins Spiel, der z. B. über eine webbasierte Technik wie das Voice over IP frei darüber entscheiden kann, ob er z. B. über E-Mail oder aber über einen Telefonanruf auf die entsprechende "Hilfe-Mail" eines Kunden antwortet.

Für ein Unternehmen bedeutet es einen entscheidenden Vorteil, wenn z. B. eine Firma seine Experten sofort einschalten kann. Der Wandel vom Callcenter zum Kontaktzentrum erfordert zwar innerhalb der Organisation und Kultur eines Unternehmens große Veränderungen; dieser Wandel wird aber durch beachtliche neue Techniken im Bereich Netzwerk, Sprache und Künstliche Intelligenz unterstützt. So ist die gemeinsame Verarbeitung von Sprache und Daten im gleichen Netz mittels der Voice over IP-Technologie eine der wichtigsten Neuerungen, diese Entwicklungen technologisch zu unterstützen und voranzutreiben.

Fallbeispiele

Das Unternehmen Convergys betreibt weltweit 47 Callcenter. Viele von diesen arbeiten mit Voice over IP-Technologie. Hierbei können Anrufe auch länderübergreifend vermittelt werden. So betreibt die Firma ein großes Callcenter in Neu-Delhi, dessen Telefone und Bildschirme allerdings logisch gesehen Teil eines Callcenters in Großbritannien sind. Auch die Warteschlange wird in Großbritannien verwaltet, Anrufe werden dann nach Neu Delhi weitergeleitet, sobald dort ein Mitarbeiter frei ist. (2)

Eine Zusammenarbeit zwischen Hyperwave und Cisco hat zu einem neuen Ansatz eines Knowledge-/Dokumentenmanagementsystem geführt. Wird über die Standardabfragen auf dem Hyperwavetool keine passende Antwort gefunden, tritt das virtuelle Contact Center, welches auf Cisco Voice over IP-Technologie basiert, in Aktion. Dieser "Manager" ermöglicht ein "skillbased routing" sowie "Computer Telephony Integration" (CTI). Somit kann per Chat, Video-Streaming oder aber auch per Telefon der passende Ansprechpartner sofort direkt befragt werden. (3)

Die Schweizer Hsbc Guyerzeller Bank hat sich zur Einführung von Voice over IP-Technologie entschlossen. Die implementierte IP-Plattform verarbeitet Sprache, Daten und Video. Ziel dieser Maßnahme war es, die Betriebskosten zu senken. Neben den Schweizer Geschäftsstellen sind auch die Vertretungen in Hongkong und Istanbul an die Lösung angebunden. (4)

Die Firma Web.de AG hat eine neuartige Software "Comwin" auf den Markt gebracht, für die das Unternehmen 25 internationale Patente beantragt hat und für die es Milliardenprofite innerhalb der kommenden 10 Jahre erwartet. Diese Software konkurriert gegen gängige Voice over IP- und Unified Messaging-Angebote von anderen Anbietern. Der Ansatz von Comwin ist die Integration von verschiedenen Kommunikationsmedien wie Telefon, Fax, sowie E-Mail. Diese Applikation soll in Zukunft wie ein virtueller Schreibtisch funktionieren, mit dem Telefonkonferenzen einfach aufgebaut werden können und mit anderen Nutzern Dateien und Dokumente ausgetauscht und gemeinsam bearbeitet werden können. Comwin umfasst dabei mehr Funktionen als andere Programme und Dienste mit ähnlichen Leistungsmerkmalen wie z. B: Microsofts Netmeeting. Darüber hinaus ist die Telefonqualität und das Handling deutlich besser, als bei Voice over

IP- und Unified Messaging-Anwendungen. (5)

Die Firma Enum möchte einen neuen Service einführen, bei dem über neuartige Internetadressen mit der Endung "9.4.e164arpa", anstelle der üblichen Endungen auf ".de" oder ".com", etc. sämtliche Kommunikationsmedien über diese eine Adresse abgewickelt werden. Hierdurch würde es ermöglicht, sämtliche Kontakte einer Person/Unternehmung wie Telefon, Mobiltelefon, Fax, E-Mail über das Web in eine Datenbank einzutragen, sodass sämtliche Kontakte nur über diese eine Adresse abgewickelt würden. Möglich wird durch diesen neuartigen Service auch die Verbindung von einem normalen Telefon mit einem Gesprächspartner, der über das Voice over IP-Netzwerk angebunden ist. Somit sind Voice over IP-Telefonate zukünftig nicht mehr nur zwischen zwei Computernutzern, sondern eben auch zwischen einem Computernutzer und einem Standardtelefon möglich. Allerdings sind vor der erfolgreichen Einführung dieser Anwendung noch einige Hürden zu meistern, so müssen die Telekommunikationsanbieter Übergangspunkte schaffen, die einen Anruf aus dem normalen Festnetz in die IP-Welt weiterleiten und umgekehrt. Gleichzeitig müssen von Programmierern die Enum-Adressen in brauchbare Postadressen verwandelt werden. Darüber hinaus muss geklärt werden, wer die Nummern vergeben darf und dafür Sorge trägt, dass die einmal vergebene Nummer im Web nicht geklaut wird. Somit muss die für den deutschen Telefonnummernplan zuständige Regulierungsbehörde für Post und Telekommunikation mit der genossenschaftlich organisierten Denic (zuständig für die Vergabe der auf .de endenden Internetadressen) zusammenarbeiten. Auf internationaler Ebene müssen darüber hinaus die Internet Engineering Task Force und die International Telecommunications Union, die für die internationalen (e164-) Rufnummern zuständig ist, eingebunden werden. (6)

Die Deka-Bank versucht durch eine integrierte CustomerRelationshipManagement- (CRM-) Lösung ihre Kunden besser an sich (an-)zu binden. Neben der Einführung einer kompletten multimedialen CRM-Plattform der Firma Siebel soll als wesentlicher Bestandteil der Aufbau von 150 Heimarbeitsplätzen mit geeigneten "Agenten" stattfinden. In diesem Zusammenhang wird an einer Voice over IP-basierten Lösung für die Heimarbeitsplätze gearbeitet. Grund für diesen Ansatz ist das für einen Heimarbeitsplatz zu große Datenvolumen der integrierten Siebel-Lösung, die die Einrichtung der geplanten Heimarbeitsplätze bis jetzt verhindert. Es wird in diesem Zusammenhang mit Siemens der Einsatz der IP-basierten Konvergenzplattform HiPath evaluiert. Entsprechende Feldtests laufen recht vielversprechend. Diese Plattform würde das traditionelle Siemens Hicom-Kommunikationssystem der Deka-Bank ablösen, zumal sich dadurch die aufwändige Installation von jeweils drei ISDN-Anschlüssen je Heimarbeitsplatz vermeiden ließe. Der Vorteil einer integrierten IP-Lösung bestünde darüber hinaus darin, dass sowohl der Supervisor als auch der Administrator jederzeit permanent über einen Laptop das gesamte System im Auge hätten und bei Überlastung der Agenten aufgrund übermäßigem Anrufvolumen oder aber der Überlastung bestimmter Skill-Gruppen, jederzeit Remote in das System einwählen und entsprechende Umleitungen vornehmen könnten.

Die Te-Systems GmbH in Wolfsburg möchte mit seinem Produkt "XCAPI" einen Ausweg bieten, bei einer geplanten Migration hin zu IP-basierten Services, die gesamte Kommunikationsinfrastruktur in Frage zu stellen. Mithilfe des Softwaremoduls XCAPI sollen Voice ove IP- und ISDN-Telefonate auf gleich hohem Niveau möglich sein. Die bei Voice over IP-üblichen Störeffekte wie hohe Latenzzeiten und Echos sollen durch eine spezielle Programmierung im Kernel-Modus unterdrückt werden, was letztendlich laut Anbieter zu Sprachqualitäten des Voice over IP-Kanals in ISDN-Qualität führen soll. Technische Voraussetzung zur Installation von XCAPI ist ein Standard-PC mit Netzkarte unter Windows 2000 oder

Windows XP. Damit wird durch XCAPI zahlreichen ISDN-Anwendungen die Voice over IP-Welt ohne aufwändige Investitionen in die Infrastruktur erschlossen.

Cisco hat neue modulare Ethernet-Switches vorgestellt, die in konvergenten Sprach-Daten-Netzen Services wie Voice over IP oder Streaming Video unterstützen. Die Stromversorgung der Voice over IP-Telefone kann über Ethernet-Verbindungen stattfinden. Darüber hinaus hat Cisco für die Verwaltung von Netzen drei neue Domain-Manager vorgestellt, wobei das sogenannte "Broadband Access Center" neben Kabel- und DSL- auch Voice over IP-Verbindungen managen kann. Zwar ist das leidige Thema Sicherheit der Router durch neuartige Geräte und Software erhöht worden, trotzdem sind bereits wieder Sicherheitslücken für VPN-Clients auf Linux, Solaris und Macintosh identifiziert worden. [7]

Weiterführende Literatur

(1) Studie erwartet nur moderates Wachstum IP-Services sind nicht ausgereift
aus Computerwoche, 20.09.2002, Nr. 38, S. 38

(2) Telefon wird zum Schlüssel für den Kundenkontakt Automatisierung soll die Flut der Anfragen bewältigen helfen " Betreuung übers

Internet noch wenig gefragt
aus FTD Financial Times Deutschland vom 01.10.2002,
Seite BE4

(3) Gebündelte Kommunikation beschleunigt
Geschäftsprozesse
aus Betriebswirtschaftliche Blätter, September 2002,
Nr. 09, S. 446

(4) Projekte
aus Computerwoche, 06.09.2002, Nr. 36, S. 32

(5) Kommunikationsservice geht heute online -
Unternehmen erwartet Umsatzplus Web.de bietet
neuartige Telefondienste an
aus Die Welt, Jg. 52, 01.10.2002, Nr. 229, S. 16

(6) Die neue Erreichbarkeit Eine einzige Nummer für
Telefon, Fax, Mail und Web: Enum verknüpft die
Netze
aus Frankfurter Rundschau v. 13.08.2002, S.25

(7) Schlupflöcher für Hacker in VPN-Client-Software
entdeckt, Cisco tunt seine Catalyst-Switch-Reihe,
Computerwoche, Nr. 40, 04.10.2002, S.21
aus Frankfurter Rundschau v. 13.08.2002, S.25

Impressum

Voice over IP

Bibliografische Information der deutschen Nationalbibliothek

Die Deutsche Nationalbibliothek verzeichnet diese Publikation in der deutschen Nationalbibliografie; detaillierte bibliografische Daten sind im Internet über http://dnb.d-nb.de abrufbar.

ISBN: 978-3-7379-0414-8

© 2015 GBI-Genios Deutsche Wirtschaftsdatenbank GmbH, Freischützstraße 96, 81927 München, www.genios.de

Alle Rechte vorbehalten. Dieses Werk ist einschließlich aller seiner Teile – z.B. Texte, Tabellen und Grafiken - urheberrechtlich geschützt. Jede Verwertung außerhalb der Grenzen des Urheberrechtsgesetzes bedarf der vorherigen Zustimmung des Verlags. Dies gilt insbesondere auch für auszugsweise Nachdrucke, fotomechanische Vervielfältigungen (Fotokopie/Mikroskopie), Übersetzungen, Auswertungen durch Datenbanken oder ähnliche Einrichtungen und die Einspeicherung und Verarbeitung in elektronischen Systemen.